AF356576

CRITIQUE

SUR
LA FOLIE DU JOUR,

OU

LA PROMENADE
DES BOULEVARDS.

Avec l'Éloge des Promenades Royales, du Cours, des Champs Élisées, & du magnifique Jardin des Thuilleries.

Ces Plaisirs valent mieux que ceux des Boulevar.'s:

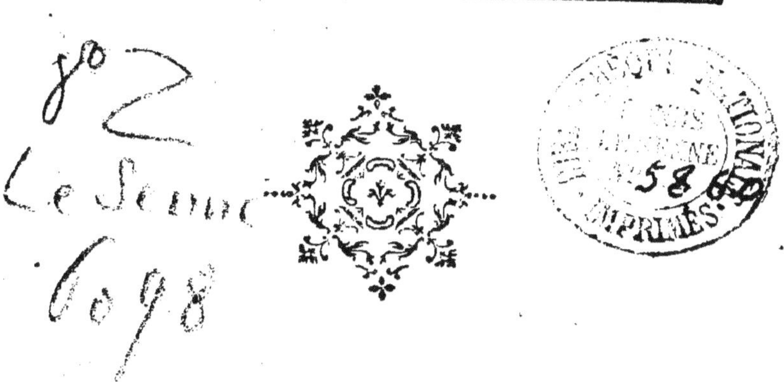

M. DCC. LIV.

AVIS AU PUBLIC.

JE prie le Public de vouloir bien m'ex-
cufer, fi je lui préfente une fi chétive
piéce. J'ofe lui déclarer que je n'ai ja-
mais été Auteur ; que ce n'eft qu'à la
priere de quelques amis que je me fuis
déterminé à lui faire ce préfent , & à la
peine que j'ai reffentie en voyant paroître
cette piéce qui ne faifoit l'éloge de la Pro-
menade des Boulevards , qu'en rédui-
fant prefqu'au néant nos charmantes pro-
menades du Cours , des Champs Élifées
& de l'excellent Jardin des Thuilleries.
Je me propofe de donner au Public
quelque chofe de plus curieux , auffi-tôt
que je connoîtrai qu'il fera fatisfait.
J'ai l'honneur d'être , &c.

CRITIQUE
SUR LA FOLIE DU JOUR,
O U
LA PROMENADE DES BOULEVARDS.
Avec l'Eloge des Promenades Royales.

JE suis dans la plus grande surprise du monde, d'entendre parler Madame de *** & lui voir donner tant de louanges à la Promenade des Boulevards, & méprifer nos adorables promenades du petit Cours, des Champs Élifées, & des Thuilleries : quel eft donc fon goût, d'engager le Marquis à un pareil rendez-vous ? & pour voir quoi ? Une multitude de Carroffes, tous enfemble confondu ; le Prince, le Duc, le Comte, le Marquis, la Remife, & jufqu'au Fiacre, tout eft pêle-mêle : quel eft donc fon goût ? Un menu peuple innombrable qui vous affaillit par leurs mavais difcours ; l'un allant à la guinguette, l'autre en revenant, presque yvre, d'une grossiereté sans pareil. Que peut-on voir, & quel est le coup d'œil? Un marais, ou une gadoue qui au lieu d'eau de senteur, ne vous fait respirer qu'une puanteur insupporta-ble ; des Marchands de mauvaise biére, des Charlatans, des jeux de chiens, des parades qui font rire les fous & hausser les épaules aux sages ; un Français qui fait pitié, un Arle-quin muet & sans culotte, un jeune homme habillé en fille pour servir en parade, un Colporteur pour servir d'Acteur.

Que rapporterons-nous de plus ? sont-ce les noms de ces fameux Bai-gneurs, de ces beaux équipages, de ces livrées brillantes, de ces beaux chevaux ; une poussiere qui aveugle, des Dames dans leurs voitures, de qui on peut à peine appercevoir le visage. Quelles sont les conversations qu'on entend dans ces grands équipages, qui ne sont que des vis-à-vis ? Au-cune, si ce n'est une foule de peuples, qui revenant de bien se régaller de vin à quatre & cinq sols, qui s'embrasseront comme des pauvres, en contant des petits sornets galants & amoureux, qui les menent quelquefois jusqu'au fait ; & qui ne fait trèssouvent que des Vulcains, & des danses, qui allument le feu de la jalousie dans le cœur des pauvres nigaux de maris : Voilà en peu de mots les plus beaux entretiens des boulevards. Revenons maintenant au rendez-vous du Marquis.

Quel a été son embarras pour trouver Madame de *** ? Il a fallu se servir d'un stratagême des plus ridicules, qui ressembloit à un convoi des plus lugubres ; & qui rendoit les équipages semblables à des Chars, autour desquels des livrées portent des flambeaux ardens pour faire briller les funérailles de leur maître à travers les ombres de la nuit. Belle promenade publique !

Ce fut donc par ce moyen que le Marquis trouva Madame de ***, après avoir pensé faire briser leurs voitures par l'affluence des autres, qui vinrent pour voir ce spectacle.

Ah ! venons à nos promenades Royales, où, dit-on, les cercles sont admirés, & où tout ce qu'il y a de riche & de nouveau est débité. Qui me dira y avoir entendu une historiette, un conte du sérail du grand Seigneur, une farce de Don-Quichotte, l'histoire des Dames par Achile de Barbatane ? Personne dans ces promenades n'a rien entendu de semblable, l'on en revient l'esprit aussi vain qu'il étoit lorsqu'on y est entré ; parce qu'il ne se fait point là de ces cercles de gens du haut ton, tels qu'à la Demie-Lune, au Cours & aux Champs Élisées. J'accorde aux curieux qui veulent connoître les illustres Maisons de France, & qui connoissent le Blason, qu'ils peuvent y aller.

A quelles dépenses le Marquis n'a-t-il pas été obligé de se livrer, pour satisfaire à la passion de Madame de ***, il n'y a que lui qui le sçait : peut-être en a t'il reçu une faveur momentanée ; mais au reste, tout ce qu'il y a de certain, c'est qu'il a été obligé de retourner à sa petite Bourgeoise des Thuilleries, comme le dit Madame de ***, qui lui coutoit moins cher. De quelle joie ne fut-il point re-

çu de celle dont il avoit déja embra-
sé le cœur, & qui ignoroit la cause
d'un si prompt changement. La trou-
vant dans ce magnifique Jardin, il s'é-
crie : ô endroit délicieux où on ne
respire que joie & plaisirs ! … Ha !
rose sans pareille, qu'il y a de tems
que je vous cherche ! Je vous donne
à penser quelle fut la tendresse qu'ils
se témoignerent mutuellement ; enfin
c'étoit un amant qui venoit retrou-
ver sa maîtresse, qu'il avoit aban-
donnée pour un plaisir passager, qu'il
a bien payé.

Mais je ne prétens point perdre de
vue l'éloge que j'ai promis de faire
de nos aimables promenades, en
comparaison de celle des Boulevards,
qui n'est qu'une promenade passa-
gere.

Je veux convenir avec tout le
monde que la mode est une coquette,
& que ses charmes sont passagers, &c.
Or si la mode est une coquette où la
trouverons-nous ? je vais vous le di-
re : allons sur les cinq à six heures du
soir au milieu du Cours ; c'est-là que
nous trouverons les beaux cercles ;
c'est-là où l'on trouve les amans au

comble de leurs souhaits , où les soupirs se font entendre , où les yeux se promenent avec admiration ; c'est-là où l'on voit la Noblesse dans tout son faste , se distinguer dans tout son éclat ; c'est-là encore une fois , où il ne faut point de flambeaux pour chercher celle qui vous a donné des rendez-vous ; les visages y sont tout à découvert, le bon Bourgeois s'y promene avec plaisir, pour y prendre l'air , & admirer les graces des Dames qui en font tout l'ornement. Quels plaisirs n'y a-t'on pas de voir ces gorges blanches à demi-découvertes, où les amans y trouvent tous les charmes de leurs maîtresses , où on voit ces yeux ardens, ces joues en forme de pomme d'apis , ces bouches vermeilles,qui vous content mille petites sornettes , & qui vous débitent autant de petits complimens les mieux dictés & les plus rians : en un mot , c'est-là où l'amour va se promener de belle en belle.

Aprochez-vous , amans , qui voulez être du grand monde , qui désirez faire des conquêtes & vous rendre galants ; passez au Cours, à la demie-

Lune ; traverſez les Champs Éliſées , arrêtez-vous un peu à ce grand jeu de battoir, que deux mille perſonnes de tous états environnent : promenez-vous enſuite dans ces belles avenues où ni la pouſſiere ni le cahos des voitures ne vous embarraſſent point , où une partie de la Nobleſſe & de la Bourgeoiſie de Paris ſe promene à pied.

Conſiderez , s'il vous plaît , cette grande Avenue qui , de la grille de Chaillot vous fait voir les Thuilleries & ſon magnifique Jardin ; voyez ſa perſpective , qui offre à vos yeux un tableau tranſparent ; cette promenade eſt ſi chérie , qu'elle paſſe pour la plus belle de l'Univers , que nos Rois ont toujours eu ſoin de faire entretenir & embellir , qui fait l'admiration de tous les Seigneurs étrangers , de toute la Nation Françoiſe , & en particulier de cette grande Ville.

Regardez de quelque côté que vous voudrez ces tableaux vivans ; voyez leurs graces , leurs attitudes , point de tumulte , point d'embarras. Ne croiroit-on pas voir dans ce vaſte &

adorable jardin, une armée de tout sexe, dont l'une est commandée par ces grands Capitaines, une autre par les hommes ordinaires, l'autre enfin par les amans à leurs maîtresse, en y semant la poudre de diamant, représentée par les belles paroles & leurs doux entretiens : notre derniere armée se font ces meres & gouvernantes qui commandent les enfans, qui veillent soigneusement à ce que cette jeunesse ambitieuse ne cueille aucune fleur propre à l'ornement de ce lieu. Remarquez cette propreté & cet enjouement, dans un chacun de ceux qui s'y promenent.

C'est assez : finissons, l'heure me presse ; il n'y a si bonne compagnie qu'il ne faille quitter. Ainsi je vous souhaite le bon soir.

Adieu à la folie du jour.